Titre original :

INSTRUCTIONS
FOR BRITISH SERVICEMEN IN FRANCE
traduit de l'anglais par Alexis Champon

© Bodleian Library, University of Oxford, 2005.
© Les Quatre Chemins 2006 pour l'édition en français
© Préface Pierre Assouline - Les Quatre Chemins

ISBN : 2-286-02956-3

QUAND VOUS SEREZ EN FRANCE

Instructions aux soldats britanniques
– FRANCE 1944 –

LE GRAND LIVRE DU MOIS

SOMMAIRE

PRÉFACE

Qu'il est doux d'évoquer la guerre sans avoir à jamais parler de la guerre... Car il n'en est pas vraiment question dans ces pages où son spectre se faufile pourtant entre les lignes. Il s'agit plutôt d'une histoire d'amitié entre deux peuples qui se connaissent et s'observent depuis longtemps, chacun considérant que celui d'en face est le plus proche des pays lointains. Ou le plus lointain des pays proches. Mais c'est une amitié cristallisée au moment où l'un va aider l'autre à relever la tête.

Et d'abord, qui a écrit ces lignes ? On peut rêver qu'un Graham Greene, rédacteur au ministère de la Guerre, ait très bien pu y mettre sa patte. Plus prosaïquement, contentons-nous de savoir qu'un original de ce texte estampillé « Confidentiel », avait été offert en 1995 à la Bodleian, la fameuse bibliothèque de l'université d'Oxford, par les deux filles de Herbert David Ziman (1902-1983). Elles l'avaient retrouvé dans les affaires de cet éminent journaliste, correspondant de guerre puis grand reporter avant d'être le responsable littéraire du *Daily Telegraph* qui demeurera durant toute sa carrière « son » journal. Versé dans un régiment du Middlesex en septembre 1939, il fut muté trois ans plus tard aux services de renseignements de la section française du ministère de la Guerre. C'est lui l'auteur de ce texte qui est un modèle d'empathie pour les souffrances et les humiliations des Français sous la botte. Sa francophilie avouée, qui trahit surtout une bonne connaissance du pays comme ont pu en avoir des exilés d'Europe centrale qui firent un séjour prolongé à Paris dans les années 30, en dit autant sur la mentalité française que sur l'esprit anglais. Un comparatiste se régalerait d'un tel aller-retour. Bien sûr, c'est de la France dont il est question, mais au détour du texte on découvre qu'en Angleterre les couples font l'amour dans les jardins publics, que les blagues sur les tapettes y sont monnaie courante et que l'ivresse est assez bien admise.

Kipling adorait la France et les Français. Lui aussi aurait pu écrire ce texte dont la francophilie exclut naturellement collaborateurs, trafiquants et B.O.F. David Herbert Ziman était animé d'un réel souci de l'autre. La rhétorique de propagande n'a pas étouffé cet élan profond, dans lequel l'ironie n'exclut pas l'estime.

C'est un livre de poche de *battledress* promis à une grande diffusion. Mais on n'imagine pas que nul n'en réclame jamais les droits d'auteur. Ce guide de voyage a ceci de particulier qu'il n'a d'intérêt qu'à l'aller ; il ne peut servir qu'une fois.

Il se veut aussi un code de bonne conduite. *Tenez-vous bien !* L'injonction revient à plusieurs reprises. C'est l'un des rares conseils formulés sur le mode impératif. À croire que le monde entier les observe. Un passage des *Mémoires de guerre* du général de Gaulle revient alors à l'esprit, lorsqu'il évoque la fermeté de la population britannique dans l'attente d'une offensive allemande : « *C'était un spectacle proprement admirable que de voir chaque Anglais se comporter comme si le salut du pays tenait à sa propre conduite. Ce sentiment universel de la responsabilité semblait d'autant plus émouvant qu'en réalité c'est de l'aviation que tout allait dépendre.* »

Étonnant leitmotiv : tenez-vous aussi bien si ce n'est mieux encore que les Allemands se sont tenus durant les quatre années échues. Car ils ont été « *corrects* », ils se sont souvent « *bien comportés* », du moins individuellement, quand ils n'ont pas fait preuve d'« *une remarquable retenue* », du moins au début. Il y a dans ces « du moins » susurrés du bout des lèvres une grande partie de l'âme anglaise dans toute sa perversité euphémistique.

Tout soldat anglais est un ambassadeur de son pays. Une Excellence sans lettres de créance.

Nul besoin d'évoquer les tortures, les privations, les horreurs. Il suffit de dire que la France est un pays où l'on risque la mort en écoutant la BBC.

C'est plus fort, et moins faux, que de dire qu'elle n'aime pas les étrangers ; le lieu commun est on ne peut plus grossier, il suffit de savoir que c'est le pays d'Europe qui a accueilli le plus d'étrangers au XXᵉ siècle. Mais c'est un pays qui aime les touristes, pas les envahisseurs. Les Allemands s'y sont mal pris.

Ce pays n'est pas une île, prévient le guide, les soldats britanniques étant censés juger le reste du monde à l'aune de leur rocher. C'est un pays que l'on comprend en s'armant de bon sens. Nationaliste au niveau régional, chauvin au niveau national, individualiste et sensible aux arts et lettres, mangeur et buveur, respectueux de ses préfets mais plutôt insensible au cricket.

Dans les semaines qui suivent le 6 juin, les soldats anglais n'ont pas vraiment le loisir ni l'occasion de vérifier le bien-fondé du manuel. Les combats sont rudes, les pertes sévères. Ils n'ont en tête que des questions techniques et tactiques, des histoires de survie et de blessures, des préoccupations immédiates et terre à terre. Après seulement ils goûteront la chaleur de l'accueil et ils sauront mettre en pratique les recommandations de ce petit guide. Car on ne fait jamais appel en vain au civisme des Anglais.

Une grande lacune saute aux yeux à la lecture ce traité de savoir-vivre en rase campagne, dissimulé sous l'apparence d'un manuel d'instructions aux soldats en guerre, en réalité calqué sur le modèle des fameux traités hérités du Moyen Âge via la Renaissance et le XVIIIe siècle. L'air de rien, ces « Usages de la Seconde Guerre mondiale » empruntent aux classiques « Usages du monde ». Ce qui s'y trouve est aussi éloquent que ce qui ne s'y trouve pas. Ce qui y est : bienséance, circonstances, cérémonie, civilité, urbanité, compliment, courtoisie, discrétion, éducation, familiarité, galanterie, langage, manières, mesure, politesse, raillerie, toilette. Ce qui n'y est pas : affectation, conversation, distinction, esprit, étiquette, goût, monde, paraître, dissimulation.

Mais on ne leur dit rien de la guerre civile à laquelle ils vont assister, et qui horrifiera les soldats américains : le spectacle de l'épuration. Les règlements de compte sauvages au coin du bois, les dénonciations de dénonciateurs, les massacres de collabos ou supposés tels. Leurs chefs, à Londres, savent pourtant bien ce qui les attend : il suffit d'écouter « Les Français parlent aux Français » pour deviner qu'un certain nombre d'entre eux vont s'entretuer sans même attendre le départ de la Wehrmacht au complet. Trop de haines recuites et trop de souffrances accumulées pour qu'il en fût autrement. Dans une telle atmosphère, au cœur d'une situation si tendue, leur savoir-vivre ne sera d'aucun secours aux soldats anglais. David Cameron, qui consacre un long article à ce petit livre dans le *Daily Telegraph* du 9 juin 1944, n'y pensait pas en le présentant comme l'objet le plus humain que tout soldat britannique ait emporté dans son paquetage.

Les temps changent. Lors de la guerre précédente, les Anglais avaient *If...* de Kipling en poche, et les Allemands le *Chant de l'amour et de la mort du cornette Christophe Rilke* de Rainer Maria Rilke. À ces hommes à qui l'on demande de tuer d'autres hommes au nom de la liberté, George Bernard Shaw, lui, avait déjà expliqué autrefois que l'assassinat est la forme extrême de la censure.

Le professeur Richard Cobb, l'un des meilleurs historiens anglais du passé français, n'oubliera jamais son 14 juillet 1944. Il était un jeune sergent dans les troupes du débarquement. En patrouillant dans la région de Bayeux, il eut l'impression de se retrouver au XIX⁰ siècle. C'est à peine si une automobile choquait le paysage. Il faut dire que les habitants des villages qu'il traversait avaient décidé de fêter la victoire entre hommes, consignant les épouses à la

maison. Ce dont bon nombre d'entre elles se gardè-
rent bien si l'on en juge par la foule envahissant la
Grand'rue. Pour le reste, il ne se souvient plus très bien
car à chaque étape, il dut sacrifier aux mœurs locales
et rendre hommage au calvados. Son récit occupe quelques pages dans *People and places* (1985). Il en sourd
un amour de la France né au cours du débarquement
que rien ne vint jamais démentir au cours de ses quelques décennies de commerce intime avec la France.

Pour sonder le troufion britannique embarqué dans
sa péniche, et plaçant ce petit livre sur la poche du
cœur – sait-on jamais –, le touriste français en visite
aujourd'hui à Londres ne doit pas se contenter de
marcher dans les tunnels du QG souterrain de
Churchill au *Cabinet War Room*. Il lui faut également
se transporter à l'*Imperial War Museum*.

À leur manière d'y évoquer la guerre, on comprend
déjà qu'ils sont Anglais : « *Ordinary people, extraordi-
nary times* ». C'est ce qu'on y lit partout. Tout est dit
en quatre mots, lesquels se visualisent en trois D :
décence, dignité, discrétion.

Colonel Buckmaster ! Colonel Hutchinson !
D'autres encore, car les héros ne manquent pas à
l'appel des agents de l'Intelligence Service parachutés
en France occupée, nouant des contacts essentiels avec
la résistance intérieure, préparant le terrain pour le
débarquement, collectant des renseignements suscep-

tibles de changer le cours des choses. Pourtant, ils ne la ramènent pas.

Il faut voir les vétérans-à-béret au blazer tout emmédaillé le dimanche dans ce musée, il faut écouter ces militants du civisme de la mémoire raconter, expliquer, démonter la guerre aux grands et aux petits, aux hommes et aux femmes. Il faut voir le respect de tous pour ces Anciens qui ne se poussent pas du col. Quelle leçon !…

Avec un sens consommé de l'*understatement*, ce goût de la litote que ce peuple a su élever au rang d'un des beaux-arts, il est rappelé dans le texte qui va suivre que Français et Anglais se sont séparés en mauvais termes en 1940. En effet… Le souvenir de Mers el-Kebir hante encore bien des consciences. Le refus français de laisser sa flotte passer sous l'autorité britannique, l'impossibilité pour Londres de la laisser tomber aux mains des Allemands, les malentendus et les ambiguïtés de la négociation et pour finir l'attaque anglaise contre les cuirassés français. Bilan : 1 380 marins français tués ou disparus, 370 blessés. Tous aussitôt instrumentalisés par la propagande vichyste qui aura à peine besoin de réactiver de vieux démons anglophobes que l'on eût cru apaisés depuis Jeanne d'Arc. Le général de Gaulle déplora « *l'odieuse tragédie* », mais n'en apporta pas moins son soutien à Churchill. La guerre est l'affaire des pragmatiques. N'empêche : les morts de Mers el-

Kebir seront bientôt rejoints par ceux de Caen, Lisieux, Vire… 14 000 en Basse-Normandie sous les bombardements de la Royal Air Force dans les jours précédant le débarquement. En visant des nœuds de communication, ils touchaient des villes. De quoi causer « *quelque ressentiment* ». D'accord, appelons cela ainsi, à l'anglaise, et n'en parlons plus.

Le 19 juin 1944, une tempête coupa les communications entre la France et la Grande-Bretagne. Depuis, ça s'est arrangé même si, selon G.K. Chesterton, le Français est pour l'Anglais le plus étranger des étrangers. Consolons-nous en supposant que les choses ont dû évoluer depuis sa mort, en 1936.

Déjà, en son temps, ce petit livre offrait aux futurs Européens un jeu de miroirs dont Jean Monnet et Robert Schuman surent faire usage.

Bonjewer, commont-aalay-voo ? Les Français trouveront à la fin du volume une forme originale de poésie. On louera leur indulgence à la gloire de l'harmonie retrouvée dans les relations franco-britanniques. Ne jamais oublier qu'Elisabeth II, quarantième monarque depuis William le Conquérant, parle couramment le français. *Ee-ah-teel kel-kern key parl ongly* ?

Le *Daily Express* du 9 juin 1944 qui s'en fait largement l'écho veut croire que ce petit livre aura de profonds et durables effets sur les mentalités au-delà du seul débarquement de péniches sur les côtes de Normandie. Qui sait ? Les Anglais ont toujours eu une certaine idée de la France. Depuis la seconde moitié du XVIIIe siècle, celle-ci est associée à la douceur de vivre. À l'époque, elle ne fascine pas seulement snobs et mondains : elle séduit personnages de marque et de culture. Aujourd'hui, tous gens de goût et de qualité. Gageons que si on le leur demandait, certains seraient prêts à se battre encore pour aider la France à préserver cette douceur de vivre.

Quand vous serez en France... À l'aube du XXIe siècle, aux yeux des Anglais, la France est le pays de cocagne, la terre où ils veulent finir leurs jours, en paix, dans le Gers, le Perche ou en Gascogne. Peut-être s'en trouve-t-il parmi eux certains qui ont découvert la France à 18 ans, ce petit livre dans leur poche...

Pierre Assouline
Pour Angela et Odette Yadgaroff

« *Soyez sûrs que la France se relèvera, libre, unie, indé-pendante, et qu'elle veillera, avec d'autres nations, au réta-blissement des valeurs de tolérance et d'humanisme que nous cherchons à sauvegarder et à promouvoir.* »

WINSTON CHURCHILL
31 AOÛT 1943

Ce livre ne s'intéresse pas aux opérations militaires. Il traite exclusivement du mode de vie des Français et de la façon dont les soldats britanniques doivent se comporter avec eux.

LA FRANCE

La nouvelle force expéditionnaire britannique, dont vous faites partie, va débarquer en France. Nous comptons sur vous pour repousser les Allemands chez eux. Pendant votre mission, vous rencontrerez des Français, peut-être pas pour la première fois. Vous verrez aussi, et cela pour la première fois, un pays occupé par les Allemands depuis plusieurs années. C'est un sujet qui mérite réflexion. Vous aurez l'occasion de découvrir ce que cela signifie.

Les pages qui suivent sont consacrées aux Français, et non aux Allemands, qui, par ailleurs, se sont bien plus mal comportés dans d'autres pays. D'une manière générale, les soldats allemands se sont conduits en France avec une remarquable correction, ainsi qu'on le leur avait ordonné, afin de convertir les Français à « l'Ordre Nouveau » nazi. Toutefois, les Français ne se sont pas laissés séduire. Leur seul désir était, et reste, de bouter les Allemands et leur « Ordre Nouveau » hors de chez eux. Vous constaterez qu'ils accueilleront, pour ce faire, votre aide avec enthousiasme. Cependant, les conséquences de l'occupation allemande se feront sentir jusque dans la façon dont vous serez reçus : les Français vous accueilleront du mieux qu'ils peuvent, mais les dernières années ont été pour eux particulièrement pénibles, comme vous vous en apercevrez en lisant ces pages.

L'OCCUPATION

N'oubliez pas que la France a été occupée. Elle a, par conséquent, subi un pillage. Presque tous les Français, même les enfants, souffrent de malnutrition, et beaucoup sont morts d'épuisement ou de faim parce que les envahisseurs ont monopolisé la nourriture à leur seul profit. Les Allemands ont aussi bu leur vin, ou l'ont distillé pour en faire du carburant. Il n'y a plus que des barriques vides à rouler.

Vous avez vous aussi connu le rationnement, une certaine pénurie. Mais vous n'avez jamais souffert comme les Français – les Allemands sont passés par là – d'une pénurie durable de biens de consommation courante. En France, la nourriture, la boisson, les vêtements, le tabac, tout est rationné, et posséder des tickets ne signifie pas qu'on puisse obtenir une ration, aussi maigre fût-elle. Les femmes font la queue au marché dès l'aube pour acheter des provisions, en vain, car les Allemands ont dévalisé les camions de livraison en route. Le pain est souvent impossible à trouver, et la plupart du temps immangeable. Le savon, lui aussi rationné, ne lave pas. Des produits aussi courants que les pansements, les aliments pour bébé, le lait condensé, sont difficiles à se procurer. Les cigarettes – quand on en trouve – sont limitées à trois par jour. Les villes ont le plus souffert, mais les campagnes n'ont pas toujours été mieux loties. À cause du rationnement, le marché noir s'est développé. Parfois il était organisé par des Français patriotes, pour soustraire des produits alimentaires à l'occupant. D'autres fois, ce sont des profiteurs qui se sont considérablement enrichis en achetant et vendant au marché noir qui permettait aux plus fortunés de s'approvisionner au détriment des plus pauvres.

SES EFFETS — Ainsi, à cause de l'occupation allemande, les Français ne pourront vous recevoir généreusement, même si certaines familles sortiront de leur cave, en votre honneur, une bonne bouteille jalousement conservée. Dans ce cas, souvenez-vous que c'est peut-être leur dernière. De toute façon, nombreux sont ceux qui n'auront ni l'énergie ni l'humeur de vous fêter, quels que soient leur joie et leur soulagement d'être délivrés. Quand on a longtemps souffert de privations, qu'on a enduré les rigueurs des camps de concentration et qu'on est soudain libéré, on met un

certain temps à récupérer. Or, sous l'occupation allemande, les Français ont souffert à la fois physiquement
et mentalement, comme s'ils avaient vécu dans un
immense hôpital ou dans un camp de concentration à
l'échelle d'un pays.

Le manque de nourriture, de médicaments, de
savon et de serviettes s'est traduit par un délabrement
physique inconnu jusqu'alors. Une étude récente
estime qu'un Français sur douze souffre de tubercu-
lose. Les cas de syphilis, plus fréquents aux abords des
casernes, touchent un huitième de la population. Pour
ce qui est de l'esprit concentrationnaire, les deux tiers
de la France ont été administrés directement par
l'armée allemande et la Gestapo depuis juin 1940. Le
reste du pays était sous la tutelle du gouvernement
collabo de Vichy jusqu'en novembre 1942. À cette
date les Allemands ont occupé la zone libre, ne lais-
sant au gouvernement de Vichy qu'un pouvoir sur
l'administration locale. Les Allemands et les collabos
ont fait profiter les Français des « immenses bienfaits »
de l'Ordre Nouveau ! Sans compter le million et demi
de prisonniers de guerre, un million de Français ont
été déportés en Allemagne. 150 000 ont été enfermés
dans des prisons ou dans des camps de concentration
français. **Chaque année, au moins 5 000 Français
ont été fusillés pour leurs activités de résistants –
un toutes les deux heures.** Les activités de la

Résistance consistaient, entre autres, à faire dérailler les convois militaires, ou à aider les soldats et aviateurs britanniques à échapper aux Allemands.

LE CONCOURS DE LA POPULATION FRANÇAISE — Pour des raisons de sécurité, nous n'avons pas beaucoup entendu parler de l'aide que les Français, au péril de leur vie, ont apporté aux soldats et aux aviateurs britanniques depuis l'armistice de 1940. Nous devons pourtant leur en être profondément reconnaissants. La presse et la radio française, à la solde du gouvernement de Vichy, s'acharnent depuis 1940 à colporter des rumeurs contre les Britanniques, les accusant, entre autres, de vouloir voler leurs colonies. Seuls la BBC (que les Français n'ont pas le droit d'écouter), la RAF et l'aviation américaine, qui larguent des tracts (qu'il est interdit de faire circuler) et les journaux clandestins (imprimés au péril de leur vie par les Résistants) tentent de réfuter ces fausses accusations. **Et cependant, le Français moyen n'a jamais cessé de nous considérer comme son allié.** Les Français ont abrité et nourri (souvent au prix de gros sacrifices) des centaines de soldats et d'aviateurs britanniques, les ont aidés à franchir la frontière de pays neutres, tout en ayant pleinement conscience de l'enjeu, dussent-ils être découverts.

Ce qui les a encouragés à prendre de tels risques, outre leur patriotisme, est la popularité que nos soldats ont acquise en combattant à leurs côtés en 14-18 et de nouveau en 39-40. Ceux d'entre vous qui étaient présents à l'époque se souviennent des nombreux gestes de sympathie qu'ils reçurent de la part des Français et des faveurs que nous avons réussi à leur accorder en échange. N'oubliez jamais que nous avons, au cours de ce siècle, combattu deux fois à leurs côtés sur leur propre sol : les cimetières britanniques, si vous les voyez, en offrent un témoignage impérissable. Cette fois-ci, la troisième, leur hospitalité vous paraîtra moins généreuse, mais uniquement parce que les Allemands ont pillé la France. Mais nous sommes sûrs que notre armée se conduira aussi bien cette fois-ci car nous avons toutes les raisons de témoigner à nos alliés une considération encore plus grande. Car les soldats allemands, sur ordre de leur hiérarchie, se sont efforcés à la plus grande « correction ». Dans leur volonté de paraître amicaux, ils sont, du moins au début, presque parvenus à leurs fins, sans toutefois gagner l'estime des Français. **Nous nous devons, en tant que soldats britanniques, de nous bien comporter en toutes circonstances. Mais, contrairement aux Allemands, nous n'aurons pas besoin de recourir à de savantes contorsions, car nous savons que les Français sont nos alliés.**

Un dernier mot. Si vous êtes parmi les premiers à mettre le pied sur le sol français, vous serez accueillis on ne peut plus chaleureusement. Mais si vous arrivez plusieurs semaines après, et si l'aide des alliés – nourriture, vêtements, etc. – a paru aux Français trop longue à leur parvenir, il se peut qu'ils réagissent différemment. Souvenez-vous alors, si le sujet est abordé, de leur assurer que nous faisons de notre mieux et que l'aide finira par arriver. Ce sera d'ailleurs la stricte vérité : après tout, nous avons nous aussi souffert de la guerre.

QUELLE ATTITUDE ADOPTER ? – Vous trouverez dans cet ouvrage quelques conseils sur la manière de se conduire avec les Français. Mais votre meilleur guide, est le simple bon sens, ajouté à ce que vous auriez ressenti si des troupes alliées s'étaient installées dans votre ville ou votre village. Vos proches ont dû vous expliquer que les soldats britanniques et les forces alliées stationnés près de chez eux adoptaient des comportements des plus variés. La plupart sont accueillis comme des invités. Mais certains sont vécus comme des fléaux à supporter. L'une des manières de se rendre impopulaire est d'acheter, par légèreté, des produits quasi introuvables, empêchant ainsi les civils de se les procurer. **Les premiers mois vous rencontrerez certainement en France une telle pénurie d'articles qu'il vous appartiendra de ne rien acheter, encore moins d'accepter des dons.** Un article qui peut sembler dérisoire pour un soldat britannique, sera souvent de première nécessité pour un Français. Acheter de la nourriture dans une ferme risque d'affamer les enfants de la ville voisine.

Et surtout, n'ayez jamais recours au marché noir. Quelle que soit la tentation, acheter des denrées au marché noir contribuerait à en priver les pauvres, tout en compliquant et en retardant leur distribution sur le marché officiel.

Il y a une autre sorte de légèreté dont il faut se prémunir, même si elle est plus répandue parmi les touristes britanniques en temps de paix que parmi les soldats. Cela consiste à laisser entendre que tel pays ou telle ville ou tel village, a bien de la chance de voir arriver des gars comme nous. Bien sûr, personne n'est assez bête pour le dire ouvertement. Mais on s'étonne que tant et tant de gens (pas tous Britanniques, et pas tous étrangers) peuvent suggérer, par leur seul comportement, que l'endroit où ils viennent d'atterrir est loin d'être à la hauteur de leur propre pays. Eh bien! ce genre d'attitude, plus stupide que méchante, doit être bannie. Les Français acceptent d'assez bon cœur les visiteurs, y compris les Britanniques; avant la guerre, on dénombrait 3 millions de résidents étrangers, pour une population de 39 millions. Cependant, ils n'étaient pas particulièrement impressionnés par les étrangers et ne leur accordaient pas un grand intérêt. Ce qui intéressait les Français, et continue de les intéresser, c'est la France: ils la considèrent comme une grande nation et une des plus anciennes. Et ils ont raison.

LE PAYS

La France a une superficie de 550 000 kilomètres carrés, près de deux fois et demie supérieure à la nôtre. Avant qu'Hitler n'envahisse ses voisins, la France était le plus grand pays d'Europe en dehors de la Russie. Ses fleuves sont plus longs que la Tamise, ses montagnes plus nombreuses et plus hautes que les nôtres. Et tandis que nous sommes entourés par les mers, la France a plus de 3 200 kilomètres de côtes et presque autant de frontières terrestres, qui font d'elle davantage une puissance continentale que maritime. Ni la marine de guerre, presque aussi importante que la nôtre et tout aussi efficace, ni la marine marchande, ni la flotte de pêche, ni la possession de territoires outremer, qui en fait la deuxième puissance coloniale derrière la Grande-Bretagne, n'ont incité les Français à considérer la mer comme un élément indispensable à leur survie. Car c'est toujours du continent que, ces derniers siècles, sont venues les menaces.

Lorsqu'un élève français doit dessiner la carte de son pays, il commence par tracer une figure hexagonale dans laquelle la France s'insère facilement.

Si on veut faire le tour de l'hexagone, dans le sens contraire des aiguilles d'une montre, on commence par le coin supérieur gauche, on descend la Manche, Dunkerque, Calais, Boulogne, Dieppe, Le Havre, Cherbourg (situé à la pointe d'une presqu'île en forme de pouce) puis Saint-Malo, la Bretagne, Brest. On poursuit par le golfe de Gascogne, grande courbe concave où se dressent les ports de Lorient, de Saint-Nazaire, de La Rochelle et de Bordeaux. Viennent ensuite les Pyrénées, qui délimitent la frontière avec l'Espagne. Voilà, vous venez de couvrir la moitié des six côtés.

L'étape suivante : la côte méditerranéenne, avec le golfe du Lion, les bouches du Rhône, puis Marseille, Toulon, et enfin la côte d'Azur où les Alpes tombent dans la mer. On remonte alors vers le nord aux contours irréguliers – la frontière des Alpes avec l'Italie, puis la Suisse. Un autre massif montagneux, le Jura, lui succède, puis vient le Rhin qui forme la frontière avec l'Allemagne, protégée par le massif des Vosges. Vous avez rencontré jusqu'ici des frontières naturelles, mais la dernière étape vous conduira le long de frontières non protégées avec l'Allemagne, le Luxembourg et la Belgique.

LA FRONTIÈRE DU NORD-EST — C'est celle que les Allemands ont franchie en 1870, en 1914 et de nouveau en 1940. Certains Français ont connu de leur vivant trois invasions allemandes! C'est à cause de cette frontière et des ambitions de la puissance allemande que les Français ont été, depuis la Révolution, obligés d'avoir recours à la conscription nationale, des générations avant que nous ne les imitions. La frontière méridionale avec l'Espagne bénéficie d'une paix durable depuis près de trois cents ans. Au sud-est, celle avec l'Italie a été établie en 1860. En revanche, la frontière septentrionale a sans cesse été modifiée.

Quelques années avant la guerre, les Français ont commencé à protéger leur frontière vulnérable avec la ligne Maginot que nombre d'entre nous croyaient infranchissable. Mais bien que solide, elle n'était pas assez longue, car depuis la frontière avec la Belgique, à Longwy, jusqu'à la mer du Nord, distante de près de cinq cents kilomètres, aucune ligne Maginot ne fut construite. On croyait alors que les Allemands n'envahiraient pas la Belgique, ou que les Belges seraient assez forts pour les repousser. Grave erreur! Ces deux certitudes se révélèrent fausses. Et une fois de plus, la France fut envahie.

COMMENT LA FRANCE S'EST CONSTRUITE

L'histoire de la Grande-Bretagne commence avec une succession d'invasions, mais depuis 1066 notre territoire est resté inviolé. La France, qui n'est pas une île, a été envahie à de multiples reprises, et l'invasion allemande de 1940 est la troisième de mémoire d'homme. C'est une des raisons pour lesquelles les Français, dont le début de l'histoire ressemble à la nôtre, se sont développés de manière toute différente.

Il y a environ 2 000 ans, juste avant l'arrivée des Romains, la France et la Grande-Bretagne étaient habitées par des peuples voisins, les Gaulois et les Bretons.

Dans aucun des deux pays les Romains ne parvinrent à pénétrer jusqu'aux régions les plus reculées, mais en France, leur domination fut plus complète et plus durable. Ils laissèrent des monuments plus importants, notamment dans le sud – temples, aqueducs, arènes. Ils transmirent aussi leurs mœurs, leurs lois et leur langue, qui furent adoptées par les envahisseurs suivants, les

Francs, alors que la Grande-Bretagne s'appuyait sur un système de lois différent et sur une langue transmise par les Angles et les Saxons.

LES NORMANDS ET LES ANGLAIS – Curieusement, l'invasion suivante eut des effets bien différents sur les deux pays. Les Danois qui pillèrent l'Angleterre, puis s'y installèrent, furent assimilés. Les Scandinaves, les Vikings, cousins des Danois, firent de fréquentes incursions en France, et finirent par s'installer en Normandie. Bien qu'adoptant la langue et les mœurs du pays, ils formèrent longtemps un peuple politiquement autonome. C'est une invasion normande et non française que conduisit Guillaume le Conquérant, et pendant deux siècles les rois d'Angleterre, en tant que ducs de Normandie, furent des vassaux des rois de France à l'indépendance farouchement affichée.

Durant tout le Moyen Âge, les rois de France entrèrent en conflit avec les Allemands, les Autrichiens, les Italiens, les Espagnols et les Suisses – ainsi qu'avec des duchés et des principautés à l'intérieur de leurs frontières. Les longues guerres contre l'Angleterre et les invasions récurrentes que nous menâmes en France n'ont laissé aucun ressentiment de la part des Français, qui ne nous reprochent rien, sauf peut-être d'avoir brûlé Jeanne d'Arc.

AVANT LA RÉVOLUTION – Vous aimeriez peut-être avoir un aperçu de la France d'avant la Révolution de 1789. Voici : XVIᵉ siècle : Guerre contre des puissances étrangères (surtout les Habsbourg d'Autriche). Guerre civile entre les catholiques et les protestants.

XVIIᵉ siècle : Apogée de la monarchie, âge d'or de la littérature et des arts. Colonisation à l'étranger et guerres en Europe[1].

XVIIIᵉ siècle : Nouvelles guerres en Europe. La France perd une grande partie de ses colonies au profit de la Grande-Bretagne. La monarchie s'écroule, davantage à cause de son incompétence que de sa tyrannie.

Durant cette période, la France était non seulement le pays le plus puissant d'Europe mais elle rayonnait aussi sur la culture et les valeurs civilisatrices.

La Révolution ne fut pas, bien sûr, une révolution communiste ni même celle des pauvres contre les riches. Elle fut initiée par la bourgeoisie qui avait pris le pas sur la noblesse dans la conduite des affaires du pays. Affolés, les royaumes voisins, dirigés par des gouvernements aristocratiques, s'efforcèrent de restaurer la monarchie en France. La République répliqua par les armes. La Grande-Bretagne s'engagea une fois de plus dans une guerre contre la France qui dura (hormis deux courtes périodes de paix) de 1793 à 1815.

---

1. L'essentiel des colonies françaises ont été conquises lors des soixante-dix dernières années.

LA FRANCE DEPUIS 1815 – Depuis Waterloo, la France et la Grande-Bretagne ne se font plus la guerre. Elles combattirent ensemble à trois reprises – en Crimée et deux fois contre l'Allemagne. Après la chute de Napoléon en 1815, la monarchie fut restaurée. Elle fut cependant instable et de courte durée. À la suite d'une brève expérience de monarchie constitutionnelle après 1830, elle s'effondra en 1848. Suivit la seconde République, encore plus brève, et dont le président, Louis Bonaparte, s'autoproclama empereur en 1852 et prit le titre de Napoléon III. Au cours du Second Empire, la France établit les fondations de son empire colonial moderne, qu'elle étendit et consolida sous la IIIᵉ République. Le Second Empire s'acheva avec la capitulation de Napoléon III en 1870 après la guerre désastreuse contre la Prusse (la première des trois invasions allemandes dont certains Français encore en vie se souviennent, et qui explique la peur et la haine des Allemands profondément ancrées dans les esprits). Depuis cette date, et jusqu'au régime de Vichy, qui s'empara du pouvoir en 1940, la France vécut sous la IIIᵉ République.

Comparée aux gouvernements britanniques apparemment stables de la même période, au XIXᵉ siècle, l'histoire de France se distingue par une série de soulèvements politiques. Mais malgré tous ces changements de gouvernement, les forces vives de la démocratie perdurèrent. Le suffrage universel, introduit en 1848, arriva plus tôt en France qu'en Grande-Bretagne et survécut à toutes les mesures antidémocratiques du Second Empire. La liberté, tant politique qu'individuelle, pour laquelle les Français se battirent à maintes reprises, reste pour eux un acquis aussi indéfectible que vital. Les tentatives pour l'affaiblir se heurtèrent chaque fois à des réactions vigoureuses. La devise issue de la Révolution : « Liberté » et « Égalité » n'a jamais cessé de préoccuper les Français, parfois au détriment de la « Fraternité ».

COMMENT DÉFINIR LES FRANÇAIS ?

Les Français ont, un fort sentiment nationaliste – ils sont fiers d'être depuis longtemps une puissance dominante en Europe. Mais cela ne les empêche pas d'être fidèles à la région dont ils sont issus. Ce régionalisme provient en partie de principautés et de duchés féodaux, en partie de différences ethniques. Car le pays comporte d'autres groupes aussi distincts les uns des autres que les Bretons et les Normands. Ainsi, les Basques du sud-ouest possèdent leur propre langue, de même que les Catalans à l'autre bout des Pyrénées, et les Provençaux. Même dans les coins de France qui n'ont pas de langue à eux, il existe un dialecte régional, qualifié de « patois », que les paysans préfèrent employer plutôt que le français des livres de grammaire[2].

Ce chauvinisme régional n'implique pas un affaiblissement du nationalisme. L'Alsace et la Lorraine

---

2. Ce qui ne les empêche pas de comprendre le bon français.

(dont les habitants parlent un dialecte proche de l'allemand) font partie de la France depuis moins de trois siècles, elles ont été rattachées à l'Allemagne de 1870 à 1918. Néanmoins, les Alsaciens et les Lorrains, aujourd'hui de nouveau assujettis à l'Allemagne, rêvent de redevenir des citoyens français. Il est encore plus remarquable que la Savoie, qui n'est française que depuis 1860, soit le bastion où des milliers de jeunes Français se sont cachés dans ses montagnes pour éviter d'être déportés en Allemagne et d'y travailler comme des esclaves. Manifestement, la France crée très vite du patriotisme. Mais cela ne fait pas des Français un genre unique, et il serait difficile de définir le Français moyen type. Si vous rencontrez un habitant du nord de la France, vous risquez d'en conclure que tous les Français sont silencieux et revêches. Si vous traversez le sud de la France, vous serez tentés de croire que tous les Français sont joviaux et bavards. Mais vous changeriez vite d'avis si vous visitiez d'autres régions.

L'ATTACHEMENT À LA TERRE — Néanmoins, on peut tout de même dresser certaines généralisations sur les Français, pour commencer leur attachement à la terre. Avant la guerre, plus de la moitié de la population vivait dans la campagne ou dans de petites villes de province. Presque tous les villageois et une grande partie des citadins, possédaient et cultivaient quelques lopins de terre, même s'ils travaillaient par ailleurs pour un employeur. Cet état de fait a donné aux Français un fort penchant pour l'individualisme. D'autant que, même s'il y a, bien sûr, de grandes industries en France, les petites entreprises et les artisans sont très nombreux.

La dureté des conflits sociaux dans les années qui ont précédé la guerre et la fréquence des grèves sont principalement dues aux querelles politiques et à la relative nouveauté des grandes industries et d'un syndicalisme organisé. Les distinctions de classe ne sont pas aussi évidentes en France que chez nous. Les anciennes castes dirigeantes furent balayées par la Révolution et la devise « Liberté, Égalité, Fraternité » a réduit le snobisme aristocratique à sa plus simple expression. Le Français aime se croire aussi important que son voisin. Il considérera comme une insulte qu'un étranger ne l'appelle pas « monsieur ».

De manière générale, les Français, pour un même emploi, gagnent moins d'argent que nous, et travaillent davantage. Ils dépensent moins en vêtements et pour la décoration de leur maison, moins en voyages et divertissements. Mais leur bon sens et la qualité de leur cuisine rendent le logement de l'employé ou de l'ouvrier moyen plus confortable que celui de beaucoup d'Anglais de même condition. Ils ont peut-être des pièces plus petites et moins nombreuses, mais cela compte peu car les Français préfèrent recevoir au café ou au restaurant. Il faut être un ami proche pour qu'ils vous invitent chez eux. Aujourd'hui, naturellement, le confort et la bonne cuisine – merci l'occupation allemande! – ont disparu et les Français n'ont pas pu remplacer leurs vieux habits. Ne les jugez pas sur leur apparence actuelle, ne qualifiez pas leur logement de misérable quand il ne s'agit que de sanitaires en mauvais état et de réparations remises à plus tard.

Globalement, les Français, quel que soit leur revenu ou leur métier, ont une vision du monde que nous pourrions qualifier de « petite-bourgeoise ». Ils sont en apparence plus polis que la plupart d'entre nous, et ils raffolent des discussions intellectuelles. Vous aurez vite tendance à croire que deux Français sont engagés dans une violente querelle alors qu'ils débattent tout simplement d'un sujet abstrait. Leur ardeur n'est qu'apparente, ils sont fondamentalement au moins aussi tolérants que nous.

Toutefois, leur tolérance ne s'applique pas à l'autorité, ainsi que les Allemands l'ont appris à leurs dépens.

Un uniforme ou un règlement provoquent chez eux une même réaction épidermique : plutôt que d'obéir aveuglément, ils mettent la loi en doute et ne manquent pas de la critiquer s'ils l'estiment inutile. Cela fait partie de leur profonde croyance dans la liberté individuelle. Ils tiennent à la liberté de penser et de critiquer comme à la prunelle de leurs yeux.

LA RELIGION ET L'ART – Ce sont les guerres de Religion et les persécutions des anciens temps qui ont forgé le besoin de tolérance des Français. Ils sont aujourd'hui en grande majorité catholiques, les protestants ne représentant qu'un million de fidèles. Et même s'ils aiment se considérer comme des « libres-penseurs », vous découvrirez que leurs églises sont plus fréquentées que les nôtres. Les prêtres catholiques[3] ne se marient pas, et sont encore moins bien payés que nos pasteurs. Ils trouvent tout naturel de vivre comme le peuple plutôt que comme l'aristocratie ; ils ont une influence de poids dans les affaires locales, et doivent effectuer leur service militaire comme n'importe quel citoyen.

---

3. Il est quelque peu troublant pour nous que l'équivalent de notre *vicar* soit appelé curé et l'équivalent de notre *curate*, vicaire

Les cathédrales, les églises et les abbayes témoignent de l'importance de la religion et de l'artisanat français. Certaines sont construites dans le robuste style roman, avec des voûtes cintrées et de lourdes colonnes ; d'autres possèdent la grâce gothique, avec leurs voûtes en ogive. Les anciens bâtiments publics sont eux aussi remarquables, même dans les petites villes de province. Parce qu'ils n'ont pas succombé comme nous à la grande industrie, les Français ont détruit moins de beaux bâtiments dans de prétendus plans « d'amélioration » de l'habitat. Le Français moyen est, sans rien perdre de son sens pratique, généralement plus attentif à l'art que ne l'est l'Anglais moyen. Vous constaterez que les peintres français, les anciens comme les modernes, jouissent de la part de leurs compatriotes d'une plus grande considération que nous-mêmes n'en accordons à nos artistes. Mais si vous vous intéressez à l'art, vous serez surpris de constater à quel point les Français méconnaissent les peintres britanniques.

LA VIE FAMILIALE — En temps normal, les Français ont une vie familiale moins tolérante et moins souple que la nôtre. Le père est l'indiscutable chef de famille, et il exerce son autorité sur ses enfants adultes, surtout sur ses filles, avec une rigueur qui n'a plus cours chez nous. Les femmes, même en temps de paix, travaillent la terre, ou en usine, comme les Britanniques en temps de guerre. En 1918, c'est grâce à leur travail pendant la guerre que nos femmes ont obtenu le droit de vote. Rien de tel en France où les femmes ne votent pas ; elles ne partagent le pouvoir que de manière indirecte, mais ô combien efficace, grâce à leur influence sur leurs époux.

À cause des multiples plaisanteries sur le « Gai Paris », « les capotes anglaises » et « les cartes postales érotiques », une croyance très répandue en Angleterre veut que les Français soient gais, frivoles, dépourvus de morale et de convictions. C'est particulièrement faux à l'heure actuelle, quand les Français connaissent d'insupportables restrictions et traversent des épreuves douloureuses. Cependant, l'idée selon laquelle les Français menaient une vie faite « d'orgies, de vin, de femmes et de chansons », n'a jamais été vraie, même avant la guerre. Les Français boivent du vin comme nous de la bière, mais en temps de paix, ils se saoulaient bien moins souvent que nous.

MONTMARTRE N'EST PAS LA FRANCE — Il est de même bon de réfuter la réputation des Françaises, basée sur les récits de Montmartre et des cabarets érotiques. Il s'agit là d'attractions destinées aux touristes étrangers ; en temps de paix, on voyait davantage de Britanniques, d'Américains (et d'Allemands) que de Français aux célèbres Folies-Bergère. S'il vous arrive de croire que la première jolie Française qui vous sourit se propose de danser le french cancan ou de vous inviter dans son lit, vous risquez de vous attirer de gros ennuis, et vous compromettrez les relations franco-britanniques.

Dans l'ensemble, les Français se conforment, tout comme nous, aux conventions sociales. Il se trouve juste que leurs conventions diffèrent en partie des nôtres. Avant-guerre, des touristes britanniques furent choqués d'apprendre que les Français avaient autorisé les bordels. Eh bien, les touristes français en Angleterre furent parfois choqués de voir des couples faire l'amour dans les jardins publics. Les Français peuvent se soulager en public et ne voir aucun mal à parler avec franchise de certains sujets. Mais ils sont atterrés d'entendre un comique débiter des plaisanteries sur les « tapettes », ou de nous voir ivres et incapables de nous contrôler. Nous ne sommes pas le seul pays à se croire plus vertueux que ses voisins, ou à critiquer leur moralité. Les Français font de même à notre égard. N'est-il pas significatif que nous parlions de « taking French leave » quand les Français utilisent l'expression « filer à l'anglaise »?

COMMENT LA FRANCE ÉTAIT
GOUVERNÉE

Avant la guerre, la République française avait à sa tête un président qui, *grosso modo*, régnait comme notre roi, à ceci près, ce qui n'est pas une mince différence, qu'il était élu et ne restait au pouvoir que sept ans. Il y avait un Sénat qui correspondait à notre Chambre des lords[4], mais là encore élu, et une Chambre des députés, eux aussi élus, semblable à notre Chambre des communes. Au lieu d'avoir trois grands partis – les conservateurs, les libéraux et les travaillistes – les Français jouissaient d'un grand nombre de partis politiques. Les socialistes sont beaucoup moins nombreux que nos travaillistes, et le Parti communiste bien plus important que le nôtre. Pour les étrangers, les noms des partis politiques français conduisent souvent à des méprises. Ainsi, ceux que nous appelons

---

4. Il y a certes des titres héréditaires en France, vestiges de l'Ancien Régime, mais si un duc ou un comte est élu sénateur, il s'agit d'une pure coïncidence.

des « libéraux » sont qualifiés de « radicaux-socialistes » par les Français. Quoi qu'il en soit, les noms et les partis qu'ils représentent auront certainement été remplacés par d'autres lorsque vous mettrez le pied sur le sol français.

Parce qu'il y avait tant de partis politiques avant la guerre, le système fonctionnait mal. Les gouvernements ne duraient parfois que quelques jours et rarement plus d'un an. De nombreux hommes politiques français (Laval, par exemple, qui dirige le gouvernement collaborationniste de Vichy) s'attiraient des réputations de corruption et de duplicité. Même si le système de Vichy, qui a remplacé la République, ne survivra pas, c'est une certitude, à la défaite, les hommes politiques d'avant-guerre ne reviendront pas non plus au pouvoir. La constitution républicaine ne sera sans doute pas entièrement restaurée. **Toutefois, ce sont les Français eux-mêmes, et personne d'autre, qui décideront des hommes politiques et de la constitution qu'ils voudront.** De nombreux Français ont des opinions bien définies sur le sujet. Tout reposera sur ceux qui auront conduit la Résistance depuis 1940, risquant leur vie pendant des années, aussi sûrement qu'un soldat sur un champ de bataille.

LES AUTORITÉS LOCALES — Sans pour autant vous immiscer dans la politique française, vous aimeriez tout de même en savoir davantage sur les autorités locales. Car quelle que soit la manière dont le pays sera dirigé dans les zones libérées par les armées alliées, vous aurez besoin de respecter le système en place. Celui-ci dépend des provinces, appelées « départements », (qui sont au nombre de 90, y compris la Corse). Le responsable officiel d'un département est appelé un « préfet », et il est nommé par le gouvernement, de même que chez nous, le lord-lieutenant (le représentant de la Couronne dans un comté) est nommé par le roi. Cependant, le préfet, contrairement au lord-lieutenant, est un haut fonctionnaire pourvu de vastes pouvoirs. Il y a peu de chance que vous en rencontriez un, mais si cela arrive, n'oubliez pas qu'il s'agit d'un personnage important qui doit être traité avec le plus grand respect.

Le département se subdivise en arrondissements, en cantons et en communes. La commune est administrée par l'équivalent de notre conseil municipal, de notre conseil de district urbain ou rural, et elle a toujours à sa tête un « maire » élu. C'est avec lui que vous devrez traiter des problèmes locaux tels que le cantonnement chez l'habitant, les accidents de la route ou les divertissements. Si vous organisez un match de football, vous devrez, pour bien faire, inviter « Monsieur le maire ». Il se réjouira presque à coup sûr d'y assister.

LA LOI FRANÇAISE — Outre le fait qu'il fut le plus grand génie militaire français, Napoléon a aussi légué au pays un code de lois qui porte son nom et qui a traversé, avec quelques amendements, tout le XIXᵉ siècle et a laissé son empreinte sur de nombreux pays voisins. Il a survécu à deux monarchies, à la IIᵉ République, au Second Empire et à la IIIᵉ République. Le code Napoléon est, en théorie, toujours en vigueur, même aujourd'hui. Le gouvernement collaborationniste de Vichy n'a jamais osé l'attaquer ni le révoquer ouvertement, bien qu'il bafoue nombre de ses dispositions.

CE QUE LES FRANÇAIS PENSENT DE NOUS

Il est juste de dire que les Français et nous, nous sommes séparés en mauvais termes en 1940. Ils eurent l'impression que nous n'avions pas envoyé un corps expéditionnaire assez nombreux et assez puissant, et que nous les avions en plus laissé tomber à Dunkerque. Peu d'entre eux croyaient que nous puissions poursuivre la guerre longtemps après l'évacuation. De notre côté, nous estimâmes que les Français s'étaient mal battus et qu'ils nous avaient laissés dans le pétrin en signant un armistice séparé. Depuis 1940, les Français ont appris à nous juger à notre juste valeur et avec davantage de générosité. Il est temps qu'à notre tour, nous pensions moins à leur capitulation, et davantage à la Résistance sur leur propre sol, et aux combats qu'ils ont menés à nos côtés hors de France, sous les ordres du général de Gaulle, et dernièrement du général Giraud.

Depuis 1940, hélas, des armées britanniques et françaises se sont battues les unes contre les autres dans plusieurs parties du monde. Cela commença avec la destruction de leur flotte à Oran et à Mers el-Kébir en juillet 1940 (pour empêcher que les Allemands ne s'en emparent). Puis à Dakar et plus tard en Syrie et à Madagascar ; pendant les premiers jours en Afrique du Nord, nous dûmes aussi nous battre contre les forces françaises restées loyales à Vichy. D'un autre côté, durant les campagnes d'Abyssinie, de Libye et de Tunisie, des milliers de Français ont combattu avec nous contre l'ennemi commun. Lorsqu'ils s'opposaient à nous, les soldats et les marins français obéissaient aux ordres de leurs officiers supérieurs après que Vichy – agissant sous l'emprise des Allemands – avait purgé l'armée de ses éléments probritanniques. Parmi ces derniers, nombreux sont ceux qui combattirent par la suite à nos côtés, comprenant que nous étions leurs alliés.

LES RÉACTIONS AUX BOMBARDEMENTS – Si vous vous demandez laquelle des deux attitudes caractérise le mieux les sentiments des Français, rappelons quelques faits. N'oubliez pas que lorsque la RAF bombarde des usines, des aérodromes, des voies ferrées utilisés par les Allemands, tuant et blessant des civils, les Français, qui savent à quel point nous essayons de viser de notre mieux, aident nos aviateurs, obligés de sauter en parachute lorsque leur appareil est touché, à échapper aux nazis, et qu'ils fleurissent les tombes de ceux qui se sont écrasés au sol. Malheureusement, les derniers bombardements sur des zones à forte densité de population ont causé de lourdes pertes parmi les civils. Il est normal que cela ait occasionné quelques ressentiments. Souvenez-vous aussi de la défense héroïque des Français à Bir Hakeim et de la façon dont ils ont chassé les Allemands de Corse.

Nous ne devons pas douter de la bonne volonté de la vaste majorité de la population. Les Français sont mieux disposés que jamais à notre égard, certainement mieux que durant la « drôle de guerre » de 39-40 ou que durant les campagnes de celle de 14-18. La petite minorité, dont on ne louera jamais assez le courage, qui a conduit la Résistance sur le sol de la mère patrie, bénéficie maintenant du soutien d'une proportion toujours croissante (dernièrement 95 %) qui avait résisté passivement aux Allemands et à leurs laquais de Vichy. Ces résistants, qu'ils soient actifs ou passifs, nourrissent des sentiments positifs à notre égard, non seulement parce que nous poursuivons le même but qu'eux – vaincre les nazis – mais aussi parce que nos diffusions radiophoniques et nos tracts ont raffermi leur volonté de résister. En outre, l'exemple de notre ténacité et de nos succès a stimulé leur détermination. Si la Grande-Bretagne avait échoué, les Français auraient sans doute sombré dans le désespoir.

LA DÉBÂCLE DE 1940 — En 1940, nos deux pays ont connu un désastre militaire. Mais alors que nous poursuivions la guerre sans faiblir, la résistance illégale en France et les forces du général de Gaulle, désavouées par Vichy, restèrent longtemps les seuls indices que la France n'était pas soumise. À cette époque, certains d'entre nous, non sans raison, reprochèrent aux hommes politiques français d'avoir capitulé. Une partie d'entre nous accusa certains généraux français, mais la grande majorité blâma la France en tant que nation. **Si vous êtes de ceux-là, souvenez-vous que personne ne gagnera rien à remuer le passé et que depuis 1940 les événements ont prouvé quel était l'état d'esprit des Français à l'heure actuelle.**

Les Français se souviennent d'un aspect de la guerre que nous oublions trop souvent : le fait que la Grande-Bretagne ne fut pas vaincue en 1940 n'est pas seulement dû à Winston Churchill ni aux héros de la bataille d'Angleterre, mais aussi au fait que notre pays est protégé par vingt milles de mer et par la Royal

Navy. **Si les Allemands avaient pu franchir la Manche aussi aisément qu'ils ont franchi la Meuse, sommes-nous sûrs que notre pays n'aurait pas subi le même sort que la France ?** Des milliers de nos fantassins, de nos marins et de nos aviateurs auraient continué le combat hors de la mère patrie (comme le fit pendant si longtemps le général de Gaulle), tandis qu'à l'intérieur du pays, la population civile aurait continué de combattre les troupes d'occupation allemandes (comme le firent les Français) par le sabotage, la résistance, et, l'heure venue, la révolte ouverte.

Grâce à la mer, ce cauchemar ne se produisit jamais ; cependant, la France fut envahie à la vitesse de l'éclair, puis le gouvernement français décida à une étroite majorité de ne pas poursuivre la guerre à partir de l'Afrique du Nord. Un armistice fut signé et un gouvernement fantoche, que les Français ne reconnurent jamais, prit le pouvoir. Les Français ne sont pas fiers de la décision lamentable de leur gouvernement en 1940. Mais si vous avez l'imprudence d'insister, ils vous diront que la Grande-Bretagne a bien de la chance d'être une île.

LA FRANCE DEPUIS 1940 – La plus grave erreur que vous puissiez commettre serait d'essayer de reprendre le fil de l'histoire anglo-française au moment où il fut rompu en 1940, comme si la France n'avait pas changé depuis cette date. Essayez de comprendre ce qui s'est passé entre-temps. En plus de la souffrance et du refus de se plier au jeu des Allemands dont nous avons déjà parlé, vous devrez avoir à l'esprit deux faits principaux afin d'éviter tout malentendu.

Premièrement, le gouvernement de Vichy, dont on vous a rebattu les oreilles, est depuis longtemps considéré comme un outil à la solde des Allemands par presque toute la population. Deuxièmement, la résistance active de petits groupes isolés contre la Gestapo, l'armée allemande et Vichy, qui vit le jour sitôt après la défaite, s'est organisée et ses réseaux couvrent maintenant toute la France. Elle reconnaît une autorité centrale, ses membres se considèrent comme des soldats et obéissent à des ordres militaires. Les Français qui ont tant risqué dans ces groupes de résistants ont le sentiment d'avoir fait tout ce qui était en leur pouvoir pour racheter l'honneur de leur pays après la débâcle. Ainsi, avant de rappeler à un Français que la France nous a laissé tomber en 40, souvenez-vous que vous parlez peut-être à l'un de ces milliers de soldats sans uniforme qui s'est aussi bien battu que vous contre le même ennemi, mais dans des conditions combien plus défavorables.

LE BLOCUS ALLIÉ – Les Allemands et Vichy ont tout fait pour que les Français s'imaginent que la pénurie était due au blocus allié. Leur propagande a en grande partie échoué, et le Français moyen attribue les rationnements au pillage des Allemands. On trouve toutefois ici et là un certain ressentiment sur les avatars du blocus. Si vous rencontrez ces réticences, efforcez-vous de ne pas tomber dans des discussions qui risquent de s'avérer compliquées et peu concluantes. Le blocus fut nécessaire afin de priver l'ennemi – dont la politique délibérée a été de réduire à leur strict minimum les biens de consommation courante dans les territoires occupés – de fournitures de toutes sortes.

LES SECOURS – Si l'approvisionnement tarde à arriver, vous rencontrerez peut-être, comme il en a déjà été question, des Français déçus. **Si on vous interroge sur le sujet, expliquez qu'il faut vaincre l'Allemagne le plus vite possible, et que, par conséquent, les armées sont ravitaillées en priorité.** Au début, cela impliquera que les pays libérés ne recevront que peu de ravitaillement, mais les civils doivent prendre patience et être assurés que nous faisons de notre mieux pour que l'aide matérielle leur parvienne dès que possible.

LA VIE DANS LE PAYS LIBÉRÉ

LA NOURRITURE — La France, virtuellement affamée par décision allemande, ainsi que vous l'avez vu, nous ne pourrons, les premiers mois, vivre aux crochets de l'habitant. Par la suite, les conditions peuvent changer. Dans ce cas, vous constaterez partout en France à quel point la bonne cuisine transforme les aliments les plus simples.

Ne donnez jamais vos rations, vos vêtements ni quelque provision que ce soit aux habitants. Les Affaires civiles distribueront des provisions dès qu'elles seront disponibles. Donner vos provisions encouragera non seulement les civils à en réclamer davantage, demandes qui ne pourront être satisfaites, mais compliquera la tâche de l'intendance déjà surchargée de travail.

LES BOISSONS — En France, dans la plupart des régions vous devrez faire bouillir l'eau du robinet, d'un puits, d'une rivière ou d'une source, sauf si votre major la déclare potable. Vous ne trouverez pas de lait frais ; les

Français n'en ont déjà pas assez pour leurs enfants. Le thé, que les Français boivent peu, est introuvable. Il y a en outre une pénurie généralisée de café.

Le vin, l'alcool et, dans le nord, le cidre brut, sont les boissons de base. Aujourd'hui, elles sont rationnées, et les Français s'estiment heureux s'ils obtiennent leur ration complète. **Si on vous offre du vin ou de l'alcool, n'oubliez pas que ces boissons sont plus fortes que celles auxquelles vous êtes habitués.** La bière française ressemble assez à notre ale légère, mais vous aurez de la chance si vous en trouvez et, en outre, elle est actuellement très coupée.

LES FEMMES – Les Françaises, jeunes ou vieilles, sont loin d'être timides, et si vous avez du cœur, elles deviendront vite vos amies. Mais ne confondez pas l'amitié avec la bagatelle. Les femmes avec qui vous vous permettez des libertés en Angleterre, vous les trouverez en France, et celles que vous offusqueriez gravement au pays sont les mêmes qui, en France, seraient profondément choquées si vous « tentiez quelque chose » avec elles.

Les pères, les frères et les fiancés des Françaises seront souvent incapables de les protéger parce qu'ils combattent ou qu'ils ont été déportés en Allemagne. En dehors des questions de discipline, il vous revient de vous comporter avec leurs femmes comme vous aimeriez que les Français se comportent avec les vôtres.

Sinon, vous porteriez atteinte à la réputation des soldats britanniques en vous conduisant moins bien que les Allemands qui, du moins au début, ont fait preuve d'une remarquable retenue, même si par la suite leur conduite laissa grandement à désirer. Quant aux femmes de petite vertu, si vous avez relevé la prévalence des maladies vénériennes, vous avez de bonnes raisons de les éviter.

LES DISTRACTIONS – Les cinémas français ne sont pas aussi modernes que les nôtres. Bien souvent il est interdit d'y fumer à cause des risques d'incendie. La E.N.S.A. (Service des spectacles aux armées) s'occupera en temps voulu de vos divertissements; les films projetés dans les cinémas français seront fournis par les Américains et par nous-mêmes dans les mois à venir. Il serait aussi maladroit d'envahir les cinémas et les cafés des Français que d'acheter tous les produits de leurs épiceries: vous avez pu vous détendre tout à loisir chez vous. C'est pourquoi l'accès à certaines salles de spectacle vous sera interdit.

LES SPORTS – Les Français se passionnent pour le football, c'est un sport qui est pratiqué partout; on joue surtout au rugby dans le sud et le sud-ouest. Les Français ont aussi produit d'excellents tennismen. Ils jouent au hockey, surtout dans le nord, et le basket est très populaire lui aussi. Ils ne jouent pas au cricket, n'aiment pas beaucoup les courses de lévriers, et les courses hippiques connaissent moins de succès que chez nous. Le sport favori des Français est le vélo : si votre régiment a l'occasion d'organiser une course cycliste avec les champions du cru, la plupart des habitants se précipiteront pour y assister. Un autre sport très prisé des Français est une forme de jeu de boules, qui se pratique d'habitude sur un terrain en terre, contrairement à notre bowling qui exige une pelouse parfaite. Les jeux de cartes des Français diffèrent des nôtres et se déroulent souvent dans une atmosphère enfiévrée.

LE CODE DE LA ROUTE — **Rappelez-vous qu'en France on roule à droite, jamais à gauche.** Les routes principales sont rectilignes et en excellent état, les routes secondaires varient, à l'image des nôtres. La France occupée — à cause des Allemands — comprend une proportion excessive de vieux et de très jeunes ; les hommes valides ont été en grande partie déportés. Ne traversez jamais une ville ou un village à une vitesse qui obligerait les habitants à s'écarter précipitamment sur votre passage. Ils risquent de ne pas y parvenir à temps.

LE COMPORTEMENT — Dans la France occupée l'armée britannique représente aujourd'hui le peuple anglais dans son ensemble. Tout écart de conduite d'un seul soldat sera vécu par les Français, non comme l'affaire d'un individu ou d'un régiment, mais comme « la façon dont les Britanniques se comportent ».

À l'heure actuelle, les Français, qui ont beaucoup souffert de l'occupation allemande, ont tendance à être très susceptibles. Il nous appartient de leur montrer ce surcroît de considération qui fait la différence entre la bonne volonté et la véritable amitié.

Le peuple français, tout comme le nôtre, comprend sa part de bons et de mauvais sujets. Vous aurez de la chance si vous ne rencontrez que les bons Français ; ne critiquez donc pas les Français en général si vous tombez sur un « sale type ». Il y a probablement un ou deux « sales types » dans chacun de nos bataillons.

Les Français vous accueilleront comme des invités attendus de longue date. Un bon invité cultive la sympathie de son hôte en lui causant le moins de souci possible et en faisant de son mieux pour l'aider. Si vous vous conduisez de la sorte, vous jouerez pleinement votre rôle d'allié et vous améliorerez votre situation par la même occasion.

LA MONNAIE

La monnaie française est basée sur le système décimal. Il est facile de se rappeler que 100 centimes valent un franc, et nous vous indiquerons combien il y a de francs dans une livre sterling. Les seules complications que vous rencontrerez concernent la façon dont les gens du peuple comptent les petites sommes jusqu'à cinq francs en sous ; un sou vaut cinq centimes, de sorte que 20 sous valent un franc et 100 sous, 5 francs.

Les pièces françaises sont en aluminium ou en cuivre, mais vous trouverez peut-être des billets, même pour les petites sommes. Les Allemands ont retiré toutes les pièces de la circulation pour les fondre et en faire des munitions.

Au début, vous n'aurez pas grand-chose à acheter. Lorsque l'heure viendra pour vous de faire des achats, essayez de ne pas dépenser votre argent d'une manière qui renforcerait la vieille croyance française selon laquelle tous les Britanniques sont de riches pigeons. **Ne soyez pas avares, mais ne soyez pas dépensiers; sinon, les prix vont grimper, ce qui nuirait à la population et ne vous avantagerait pas non plus.**

LES CHOSES À FAIRE

Les Français sont nos amis. Les Allemands sont nos ennemis et aussi ceux des Français. Souvenez-vous qu'individuellement, les soldats allemands se sont souvent bien comportés en France. Vous devrez donc faire encore mieux qu'eux.

Nous aidons la France à se libérer. Des milliers de Français ont été abattus en défendant l'esprit de liberté. Montrons-leur que nous sommes conscients du rôle qu'ils ont joué, aussi bien dans la guerre précédente que dans celle-ci.

Les Français sont plus polis que la plupart d'entre nous. N'oubliez jamais de les appeler « Monsieur, Madame, Mademoiselle », de préférence à un simple « Hé! »

Faites preuve de patience si vous avez du mal à comprendre ce que vous dit un Français. Il a probablement autant de mal que vous.

N'oubliez pas de saluer un civil ou un agent de police quand vous vous adressez à lui. C'est la forme de politesse adoptée par les Français. Saluez lorsque vous entrez et quand vous quittez une maison, un café ou une boutique.

Soyez naturel, mais tâchez de ne pas vous sentir chez vous tant que votre ami français ne vous y a pas invité. Rappelez-vous que les Français ont beaucoup souffert depuis quatre ans. Tenez-en compte.

LES CHOSES À NE PAS FAIRE

Ne critiquez pas la défaite de l'armée française en 1940. De nombreux Français sont convaincus qu'ils avaient une excellente armée, mais qu'elle était insuffisamment équipée et mal dirigée. D'autres ne se privent pas de critiquer leur propre armée, mais ils seront eux aussi vexés s'ils entendent des critiques dans la bouche d'étrangers.

Ne vous lancez pas dans des discussions sur la religion ou la politique. Si un Français soulève une des questions qui a contrarié les bonnes relations franco-britanniques depuis 1940, changez de sujet. Chaque question a deux facettes, mais évitez de prendre position.

Ne vous laissez pas entraîner dans des polémiques sur les mérites et les succès comparés des Nations Unies.

Même si on vous propose de la nourriture, n'acceptez jamais. Sinon, un malheureux risque de sauter un repas à cause de vous.

Si vous logez chez l'habitant, laissez la chambre dans l'état où vous l'avez trouvée. Quelqu'un viendra y habiter après vous.

Modérez votre consommation d'alcool. Si vous avez la chance de boire du vin, apprenez à « tenir l'alcool ». C'est parce que certains de nos soldats ont failli à cette règle qu'on a critiqué tous les Britanniques venus combattre en France en 39-40, et de nouveau en Afrique du Nord.

Ne vendez ni ne donnez jamais vos rations ni votre équipement.

COMMENT SE FAIRE COMPRENDRE

Il n'est jamais facile de se faire comprendre dans une langue étrangère, surtout au début, et sans doute encore moins de comprendre la réponse. Si vous trouvez un Français qui connaît un peu d'anglais, parlez très lentement et très distinctement. Si vous essayez de comprendre le français, demandez à votre interlocuteur de bien articuler, ou (si cela doit vous aider) de coucher ses propos par écrit.

Les mots et les expressions figurant à la fin de ce livret ne vous permettront pas de parler français « comme un autochtone », mais ils vous dépanneront en attendant que vous fassiez des progrès. Si un Français ne comprend pas votre prononciation, désignez le mot sur le lexique.

Vous ne pouvez vous attendre à comprendre la grammaire française en une seule phrase, mais vous remarquerez que les mots sont soit masculins soit féminins et que les adjectifs ou articles (c'est-à-dire,

« a » ou « the ») changent en fonction du genre du nom auquel ils se rapportent. Ainsi « *my* father » est « *mon* père », « *my* mother », « *ma* mère », « *a* knife » est « *un* couteau », « *a* fork », « *une* fourchette ». (L'anglais est la seule langue qui évite ce genre de complication.)

LEXIQUE
Mots et expressions de première nécessité

NOTE: Vous trouvez avec chaque mot français sa prononciation anglaise en italique, qui retranscrit aussi bien que possible sa phonétique.

Good morning, ou good afternoon, good evening
Bonjour, bonsoir *Bonjewer, Bonswa*

How do you do?
Comment allez-vous? *Commont allay-voo?*

Goodbye
Au revoir *Oh-rewa*

I am, He is, She is
Je suis, Il est, Elle est *Sher swee, Eel ay, Ell ay*

We are, You are, They are
Nous sommes, Vous êtes, Ils (Elles) sont
Noo som, Vooze ate, Eel (El) sonn

Is there anyone who speak English?
Y a-t-il quelqu'un qui parle anglais?
Ee-ah-teel kel-kern key parl ongly?

What is your name (adress)
Quelle est votre nom (votre adresse)?
Kel ay votrer nom (votrer adresse)

Please bring me, give me, lend me
Apportez-moi, donnez-moi *Apportay-mwah, donnay-mwah*
Prêtez-moi, s'il vous plaît *Praytay-mwah, s'il voo play*

I like this very much
J'aime beaucoup ceci *Shame bocoo sirsee*

Hurry! Slowly!
Vite! Lentement! *Veet! Lentermon!*

What do you call this?
Comment s'appelle ceci? *Comorr sapel siresee?*

I don't understand
Je ne comprends pas *Sher ner compron pah*

Do you understand?
Comprenez-vous? *Comprenay voo?*

Please speak slowly
Parlez lentement *Parlay lentermon*

(Write it down)
(Écrivez-le) *Ekreevay-ler*

What nationality are you?
De quelle nationalité êtes-vous?
Der kell nass-ee-onalitay ate voo?

Are you French? German?
Êtes-vous Français? Allemand? *Ate voo fronsay? Allmon?*

Have you seen any soldiers?
Avez-vous vu des soldats? *Avay voo view day soldah?*

The enemy?
L'ennemi? *L'enmee?*

What kind of soldiers?
Quelle sorte de soldats? *Kell sort der soldah?*

Are the trees in that wood thick?
Ce bois est-il épais? *Sir bwah ate-eel epay?*

Can we sleep in your barn?
Pouvons-nous dormir dans votre grange?
Poovon noo dormer dong votrer gronge

(Outbuilding)?
(Vos hangars)? (*Voze hongar*)?

Where is the town hall?
Où est la mairie? *Oo ay lah mary?*

The police station?
Le commissariat? *Ler commissariah?*

Sur la route

Is this the way to…?
Est-ce le chemin pour…? *Ay sir ler shman poor…?*

Which is the way to…?
Quel est le chemin pour…? *Kell ay ler shman poor…?*

How far is it to…?
À quelle distance est…? *Ar kell deestons ay…?*

Will you guide me, please?
Voulez-vous me conduire, s'il vous plaît?
Voolay-voo mer condweer, seal voo play?

Where does this road lead to?
Où mène cette route? *Oo mane set root?*

Where am I now?
Où suis-je maintenant? *Oo sooee-jar maintenon?*

Show me on this map.
Montrez-moi sur cette carte. *Mantree-moah ser set cart.*

Is this road clear?
Cette route est-elle ouverte? *Set root ate ell oovairt?*

I am lost
Je suis perdu *Sher swee pardoo…*

I want to go (return) to…
Je voudrais aller (rentrer) à… *Sher voodray allay (rontray) ar…*

Stop! Go back (reverse)!
Arrêtez! En arrière! *Arrettay! On arree air!*

Go on!
En avant! *On avon!*

Danger!
Danger! *Donjay*

Bicycle, horse
La bicyclette (le vélo) le cheval,
Lar bee-see-clet (ler vailo) ler sheval

Mule, cart
Le mulet, la charrette *Ler mewlay, lar sharret*

Au garage

My car (lorry, truck)
Ma voiture (mon camion)
Marmm vwattewer (mon cam-ee-on)

Has broken down
Est en panne *At on pan*

Where is the nearest garage?
Où est le garage le plus proche? *Oo ay ler garage ler ploo prosh?*

I need petrol
J'ai besoin d'essence *Shay bes-wann dessonce*

(Oil, water)
   (d'huile, d'eau) *(dweel, doe)*

Can you lend-me some tools?
   Pouvez-vous me prêter des outils?
   Poovay-voo mer praytay daze oottee?

Le logement

Where can I get a bed for tonight?
   Où pourrai-je coucher cette nuit?
   Oo poor-age cooshay set nwee?

These are my (our) billets
   Je suis (nous sommes) logé(s) ici
   Shar swee (noo som) lowjay eesee

May I (we) come in?
   Peut-on entrer? *Purt-on entray?*

I shall be returning late
   Je rentrerai tard *Sher rontrerat tar*

Can we have something to eat?
   Pouvons-nous manger? *Poovon-noo monjay*

May I have a key?
   Puis-je avoir la clef? *Pweege arwarr lar clay?*

A hot bath, soap, towel
   Un bain chaud, le savon, la serviette
   Urn ban show, ler savon, lar serviette

Lavatory, cloakroom,
   Les toilettes, le vestiaire *Lar twahlet, ler vestayre*

Dining-room
   La salle à manger *Lar sal ar monjay*

Au restaurant

Where can I eat (Drink)?
Où peut-on manger (boire)? *Oo purt-on monjay (bwarr)?*

May I have breakfast
Puis-je avoir le petit déjeuner?
Pweege arwarr ler p'tee day-shuon-ay

How much a kilo (a litre)?²
Combien le kilo (le litre)? *Combyang ler keelo (ler lietr)?*

Wine, cider, beer
Le vin, le cidre, la bière *Ler vang, ler ceedrer, lar beeyare*

The bill, please
L'addition, s'il vous plaît. *Lad-issy-on, seal voo play*

Accidents

Fetch a doctor, please
Allez chercher un médecin, s'il vous plaît.
Allay shairshay urn maidsang seal voo play

Come and help quickly
Venez vite aider *Venay veet aiday*

There has been an accident
Il y a eu un accident *Eel ee ah ewe urn ack-see-dong*

I have been wounded (Injured)
Je suis blessé *Sher swee blessay*

Artery, tourniquet
L'artère, le garrot *Lartare, ler garrow*

Bring cold (boiling) water
Apportez de l'eau froide (bouillante)
Apportay der lo frwahd (boo-ee-ent)

POIDS ET MESURES

Basés sur le système métrique en usage dans la plupart de l'Europe. C'est un système plus simple que le nôtre, car les unités sont toutes des multiples de dix. Les équivalents sont approximatifs, afin de donner un rapide aperçu.

Longueur

1 centimètre (cm) = Deux cinquièmes de pouce.

1 mètre (m = 100 cm) = Trois pieds et trois pouces.

1 kilomètres (km = 1 000 m) = Cinq huitièmes de mile.

Pour convertir les centimètres en pouces, multipliez par 4 et divisez le résultat par 10 (1 pouce = 2,5 cm – 1 pied = 30 cm).

Pour convertir les mètres en yards – ajoutez 1/9ᵉ au nombre de mètres. (1 yard = 9/10ᵉ de mètre).

Pour convertir les kilomètres en miles, divisez les km par 8 et multipliez le résultat par 5 (1 mile = un peu plus de 1 km et demis).

Poids

ɪ gramme (g) = 15,5 grains.

ɪ kilogramme (kg) = 2 livres et 3 onces.

ɪ tonne = ɪ ton = 1 016 kg.

Pour convertir les kilogrammes en livres – doublez puis ajoutez 1/10e au résultat (1livre = à peu près un demi-kilo ; cent douze livres (hundredweight) = 50 kg.

Surface

ɪ hectare = près de 2,5 acres.

Pour convertir les hectares en acres, multipliez par 5 et divisez par 2 (1 acre = 2/5e d'hectare).

Volume

ɪ litre = 1 pinte ¾.

Pour convertir les litres en pintes, ajoutez un demi, puis un demi de la demie. (¾ de pinte = juste un peu plus d'un litre).

Pour convertir les litres en gallons, divisez par cinq (1 gallon = 4 litres et demi).

Température

L'unité de mesure utilisée s'appelle le centigrade, où l'eau gèle à 0 degré (au lieu de nos 32° Fahrenheit) et bout à 100° (au lieu de nos 212° Fahrenheit). La température normale du corps est de 37°. Pour convertir les centigrades en Fahrenheit, doublez, soustrayez un dixième du résultat et ajoutez 32. (100 °F = environ 38 °C).

MESURES DE SÉCURITÉ

Vous devez désormais comprendre que tout ce que vous avez appris sur les mesures de sécurité lors de vos entraînements en Grande-Bretagne s'applique avec la même rigueur au cours des opérations sur le continent. Ceux d'entre vous qui ont déjà servi à l'étranger pourront témoigner auprès de leurs camarades que les consignes de sécurité, pour les raisons qui vont suivre, sont encore plus importantes à respecter sur le continent qu'au Royaume-Uni.

L'une des raisons principales est que vous devrez pénétrer dans des régions occupées par l'ennemi depuis longtemps. **Celui-ci fera tout son possible pour laisser derrière lui, dissimulés parmi la population, des espions, des saboteurs, et des propagandistes qui constitueront pour vous une menace permanente.**

Leur nombre dépassera de loin ce à quoi nous sommes habitués – et il sera incroyablement difficile de les démasquer. Ajoutons que l'ennemi aura préparé des voies de communication pour ses agents, et qu'il pourra sans doute les utiliser longtemps après la fin des hostilités.

Vous devrez donc être constamment sur le qui-vive, même dans des zones où les combats ont été gagnés et où règne un calme relatif. C'est précisément dans ces régions que vous devrez être sur vos gardes.

Comme on vous l'a maintes fois répété, dans les affaires de sécurité le mot-clé est la responsabilité. C'est sur la discrétion de chaque Britannique et de chaque Américain que repose la sécurité de toute l'armée. Cela s'applique en particulier dans vos relations avec la population. **N'oubliez pas que bien plus d'Européens comprennent l'anglais qu'on ne le croit en général. Faites donc attention à ce que vous dites – non seulement aux civils, mais aussi entre vous lorsque vous êtes à portée d'oreille.**

Les communications téléphoniques représentent un danger à part. Le secret des documents doit être mieux gardé que d'habitude. Même les lettres que vous recevez de vos parents, l'adresse de vos amis du même corps expéditionnaire qui figure sur l'enveloppe, risquent de contenir des informations que l'ennemi brûle de connaître.

Vous devrez vous méfier des suspects et faire part de vos soupçons à votre officier ou à un sous-officier du Service de Sécurité. Faites particulièrement attention en vérifiant les papiers d'identité et n'hésitez pas à retenir, par la force s'il le faut, tout individu suspect. Il peut parfois être déguisé en soldat ou en officier britannique ; et il n'est pas impossible qu'une belle espionne tente de vous séduire.

Les risques de sabotage sont également à redouter. Cela signifie que lorsque vous garderez du matériel ou des équipements, votre mission sera de la plus haute importance. Et vous devrez continuer à faire très attention à vos armes et à votre équipement.

Vous devrez vous attendre à ce que la propagande s'efforce de creuser un fossé entre les alliés, par exemple en encourageant les sentiments anti-russes. Elle tentera aussi de faire naître de la sympathie pour les Allemands. Cette propagande – qui peut prendre plusieurs formes – sera dirigée par des agents et des sympathisants ennemis pour vous saper le moral. Les femmes sont passées maître dans cet art, et sachez que l'ennemi n'hésitera pas à les utiliser. Ne vous laissez pas détourner de vos objectifs. Vous avez une mission à remplir – vous devrez la mener jusqu'au bout avec détermination.

La vie dans l'ancienne Europe nazie réclamera toute votre vigilance, votre vivacité d'esprit et votre sang-froid. Pour ce faire, appliquez avec bon sens les mesures de sécurité qu'on vous a enseignées.

SIGNALISATION ROUTIÈRE

1. Gutter

2. Sharp Turn

3. Cross-Roads

4. Unguarded Level
Crossing

5. One-Way Road or
Entry Prohibited

6. Dangers other than
those indicated by signs 1
to 4

7. Motors vehicles
Prohibited

8. Weight Limit

9. Maximum Speed

10. Overtaking
Prohibited

11. Parking
prohibited

12. Stopping
Prohibited

« Édition exclusivement réservée aux adhérents du Club »
LE GRAND LIVRE DU MOIS
15, rue des sablons
75116 PARIS

Imprimé en France par France Quercy - Mercuès
N° d'impression : 62798